Vanderlei de ...

GUIA RÁPIDO DA PROSPERIDADE

Dados Internacionais de Catalogação na Publicação (CIP)
(Câmara Brasileira do Livro, SP, Brasil)

Freitas, Vanderlei de
Guia rápido da prosperidade [livro eletrônico] / Vanderlei de Freitas. -- Paverama, RS : Ed. do Autor, 2024.   PDF

ISBN 978-65-01-05382-0

1. Atitudes - Aspectos religiosos 2. Pensamentos 3. Prosperidade - Aspectos religiosos I. Título.

24-211203   CDD-230

Índices para catálogo sistemático:

1. Prosperidade : Aspectos religiosos : Cristianismo   230

Tábata Alves da Silva - Bibliotecária - CRB-8/9253

Sumário

Prefácio

Geralmente me perguntava, como algumas pessoas conseguem prosperar tão fácil, enquanto eu fico preso no mesmo lugar?

Quase sempre me ocorria estas perguntas, pelas quais eu mesmo me questionava.

Acostumado com a vida que tinha e sempre em busca de melhorar, mas que não tinha a menor ideia de como ia sair do buraco.

Por inúmeras vezes buscava uma resposta do porque aquilo só acontecia comigo, mas em todas as vezes ficava sem ela, a resposta que sempre buscava, me escapava por entre os dedos.

Parecia que eu estava bloqueado por alguma coisa que me mantinha acorrentado e patinando no mesmo lugar, sem poder sair daquela situação.

Apesar de ter ficado por algum tempo naquela situação, consegui me destravar, enfim, comecei a prosperar.

Então resolvi ensinar neste livro de poucas páginas, algumas coisas importantes que me ajudaram a vencer muitos obstáculos financeiros e pessoais na minha vida.

Mas foi exatamente quando resolvi estudar as formas de sair do buraco onde me encontrava, que consegui eliminar os bloqueios, os quais me mantinham maneados sem conseguir alcançar os meus objetivos.

E a grande virada de chave aconteceu, quando reconheci que tudo pertence a Deus.

Resolvi escrever este livro com um conteúdo fácil e rápido de ser estudado, para evitar escrever um livro muito longo, e garantir que o conteúdo seja tão bom quanto um livro de muitas páginas, abreviei o conteúdo e simplifiquei, para que todos possam entendê-lo e praticá-lo.

Desejo-lhe uma ótima leitura.

CAPÍTULO 1

Pensamentos prósperos

PROVÉRBIOS 4:23 Tenha cuidado com o que você pensa, pois sua vida é dirigida pelos seus pensamentos.

A primeira coisa que você precisa entender é que ninguém prospera sem antes ter pensamentos prósperos, seria a mesma coisa que uma pessoa sair de casa sem ter onde ir.

O pensamento antecede tudo que existiu, existe e existirá, e só continua existindo aquilo que prosperou. Antes de tomarmos qualquer ação, precisamos preparar nossa mente para que não tenhamos uma recaída no mundo das dúvidas, que aparecerão no decorrer do tempo.

Nossos pensamentos estão criando nossa realidade a todo tempo e são os fundamentos de tudo que somos. Você precisa entender que seus pensamentos não acontecem por acaso, geralmente está ligado com sua essência, seu eu interno, mas por outro lado, 70 porcento dos pensamentos são reflexos de ações tomadas no passado, por isso precisa controla-los até que seja o dono de suas decisões.

Normalmente somos empurrados pela rotina e deixamos tudo no automático, fizemos isso quando não policiamos nossos pensamentos.

Os pensamentos que geralmente te levam para a prosperidade aparecem de modo natural, e quando eles vêm em nossas mentes, o correto é anotá-los, por isso muitas das pessoas mais prósperas anotam a maioria dos seus pensamentos, porque sabem que dali sairá um resultado.

Para você prosperar no que quer que faça é importante sentir seus pensamentos fluindo, para atingir este resultado você precisa se colocar na frequência dos seus pensamentos, e seus pensamentos começarão a aparecerem, aos poucos você notará que sempre teve pensamentos prósperos, mas muitas das vezes não agiu.

Para atrair mais pensamentos prósperos, é importante que você busque conhecer sobre os assuntos ou negócios aos quais quer prosperar, como sabes ninguém prospera sem estar preparado mentalmente para prosperar.

Enquanto está aprendendo a controlar seus pensamentos para prosperar verdadeiramente, não assista e não leia nada que desvie seus pensamentos, como notícias ruins, para que não seja afetado por elas, assim seu consciente e subconsciente estarão protegidos.

Depois que aprendeu a forma correta de pensar, seus pensamentos conscientes irão para o inconsciente, e seus pensamentos fluirão mais claramente, pois o subconsciente é a base para um pensamento consciente e é onde os bloqueios costumam se alojar em sua vida.

Deves atentar-se em filtrar seus sentimentos e refina-los na medida em que aprende a pensar, seus pensamentos acabem dando vida aos seus sentimentos e logo, seus sentimentos são expressados em suas ações.

Você sempre saberá o que está se passando em sua consciência, porque seus sentimentos refletem o que está guardado em seu subconsciente.

DICAS:

1. Seja nobre no pensar e no agir;
2. Seja humilde no pensar e no agir;
3. Seja generoso sempre, sem exceção;
4. Seja grato sempre que puder agradeça;
5. Seja autentico, isso te levará muito longe;
6. Seja abundante, transborde seus pensamentos;
7. Seja inocente como uma criança;
8. Aja como um adulto;
9. Pense mais em Deus, afinal tudo pertence a ele;
10. Seja feliz, pois a felicidade está com você o tempo todo;

CAPÍTULO 2

Atitudes
prósperas

ECLESIASTES 12:1 Lembre-se do seu Criador enquanto você ainda é jovem, antes que venham os dias maus e cheguem os anos em que você dirá: "Não tenho mais prazer na vida".

Depois de entender o quanto seus pensamentos usam seu tempo e muitas vezes até comprometem seu potencial. Sabendo disso, você está apto a ter melhores ações, para mudar sua realidade é fundamental que suas ações mudem no decorrer de bem pouco tempo, pois o resultado nunca é imediato.

Lembre-se que a prosperidade muitas das vezes não chega na hora que agimos, na maioria das vezes, pensamos que assim que agirmos seremos recompensados. Mas quando não prosperamos imediatamente, muitas pessoas desistem.

É aí que devemos ter uma disciplina que não encontramos em lugar nenhum, é a disciplina de constância, a constância está ligada diretamente à prosperidade, entendeu?

Tudo que fizer e continuar fazendo vai melhorar com o passar do tempo. E se tratando de tempo, estamos ganhando um tempo próspero no presente ou futuro a cada dia que passa, lembre-se que o presente de hoje foi o futuro de ontem, o amanhã é o futuro do hoje, então se quer prosperar amanhã, aja hoje.

Somente uma coisa irá contar para que possas de fato prosperar, é agindo que tudo chega em sua forma real. Por isso precisa agir para prosperar.

Se parar para pensar que um diamante em sua forma natural não possui brilho, mas quando lapidado seu brilho é incrível, acredite, as pessoas são exatamente assim. Você precisa se lapidar no modo de agir.

Uma atitude deve ser tomada a cada vez que sua experiência é acrescentada, por isso você deve sempre buscar ter boas atitudes, o que te faz ser uma pessoa com iniciativa.

A iniciativa na grande maioria das vezes é a chave da prosperidade que muitos desconhecem, a verdade que ela traz é de conhecimento e realizações, todos sabemos que sem atitude não se chega a lugar nenhum, más atitudes te destroem e boas atitudes trazem o sucesso até você para que prospere.

A forma em que você procura expressar-se, diz muito, do quanto suas atitudes geram os resultados que expressa em seu cotidiano.

13

DICAS:

1. Nunca esqueça que você é de fato;
2. Lembre-se sempre de quem te ajudou;
3. Sempre busque melhorar seus resultados;
4. Confie sempre no senhor e entrega tudo a ele;
5. Você sempre será seu próprio resultado;
6. Ganhe mais e gaste menos, invista mais;

CAPÍTULO 3

Companhias
prósperas

PROVÉRBIOS 15:31 Aquele que aceita a repreensão justa andará na companhia dos sábios.

Como existe muitas pessoas que são influenciadas por outras, existe o perigo de que a pessoa influenciada seja você, por isso tome muito cuidado com quem andas, também tome muito cuidado sobre o que você fala com estas pessoas.

Se são pessoas que vivem a reclamar e nada fazem para mudar sua situação atual, se não levam fé no que você fala, caia fora destas companhias agora mesmo, pois elas te levarão cada vez mais para baixo.

Comece a ter companhias que buscam o mesmo que você busca, pois a cada dia aparece pessoas dispostas a te ajudar, então esteja pronto para mudar as pessoas que te cercam.

As melhores companhias são aquelas que te apoiam em qualquer circunstância, desde que estejam seguindo o mesmo caminho que é o de prosperar.

Pessoas que não buscam melhorar, não buscam crescer e nem prosperar em nada, estas pessoas estão acomodadas e não querem sair da zona de conforto.

Se suas amizades fazem piadas a sua custa, caia fora agora destas companhias, lembre-se que se você permite isso, logo nem você mesmo levará fé em quem você é. Seu propósito é melhorar e não continuar sendo a graça da piada de pessoas vazias.

Por isso cuide muito do assunto que suas companhias falam e comentam, é por estes assuntos que te farão ser tolo ou ser sábio. O sábio sabe com quem andas e não desperdiça seu tempo com tolices desnecessárias.

DICAS:

1. Sempre tenha boas companhias;
2. Não permita que façam piadas a sua custa;
3. Determine quem você quer ser;
4. Esteja ciente que você é dono somente da sua realidade;
5. Busque viver em sua melhor versão, pois você sempre poderá melhora-la;

CAPÍTULO 4

Experiências prósperas

ECLESIASTES 7:16;17;18 Por isso, não seja bom demais, nem sábio demais; porque você iria se destruir? Mas também não seja mau demais, nem tolo demais; porque você iria morrer antes do tempo? Evite tanto uma coisa como a outra. Se você *temer a Deus, terá sucesso em tudo.

Para entrar neste assunto, primeiro você deve ter feito algo que se orgulhe, um bom aprendizado com suas próprias experiências. Ter experiências prósperas sempre nos levam a um grau elevado de satisfação, é exatamente isso que você quer viver no seu cotidiano.

Suas realizações dão felicidade ao seu ser, por ter feito algo que o satisfaça, entendendo isso, podemos dizer que a prosperidade não está ligada ao dinheiro, como muitos pensam, mas com toda a certeza do mundo, prosperidade te faz enriquecer em todas as áreas da vida, inclusive a material.

O que você faz para você mesmo, é aquilo que gostaria de fazer para outros como você. Por isso, transborde primeiro em você e para você.

Comece a fazer mais por você, para que sua história também seja contada pelos críticos e admiradores, pois acredite ou não, somos todos capazes de adquirir novas experiências. O mundo nunca para, para aqueles que vivem intensamente.

Se a experiência que está te faltando é realizar mais, você deveria estar buscando ao menos conhecer sobre o que desejas viver, assim suas experiências de vida só aumentam e para ter experiência é imprescindível que às viva.

Quando vivemos mais, realizamos mais como pessoa, sua pessoa sempre busca coisas novas para diversificar sua vida e dar cor à suas realizações e conquistas, afinal nossas experiências apenas refletem sobre o que já vivemos, nos dando conhecimento para que possamos aproveitar mais, enquanto vivemos.

As experiências te acompanharão onde quer que vá e quanto mais longe for, mais experiências terás. É a experiência no que fazes que te diferencia dos demais, a medida que vai acumulando experiências, você fica cada vez melhor no que fazes.

Suas experiências de vida amadurecem seus atos, conforme vai aprendendo com elas. O segredo de tudo que existe para que você cresça moralmente, está ligado em seu comportamento, nas suas reações de como encara experiências novas, por isso, você deve viver mais intensamente seus dias e aproveitá-los melhor.

Suas experiências de vida sempre falarão aos demais, quem de fato você foi, quem de fato você é e quem de fato está se tornando, sua vida é basicamente suas experiências, seu tempo bem aproveitado.

DICAS:

1. Aproveite melhor sua vida;
2. Sinta-se bem enquanto vives;
3. Preste mais atenção no que te faz bem;
4. Não dê atenção aos outros do que falarão;

CAPÍTULO 5

Aprendizado próspero

PROVÉRBIOS 15:14 Quem é sábio procura aprender, as os tolos estão satisfeitos com a própria ignorância.

Seu aprendizado está sempre acontecendo, você está aprendendo desde que nasceu. Sua vida é um aprendizado constante e com ela a constância de tudo que você é.

Quanto mais aprende sobre a vida, sobre os negócios, sobre os investimentos, sobre amar, sobre sua missão, sobre seu eu, sobre quem você é de fato. Antes de qualquer coisa e de qualquer decisão que tome, seu aprendizado é automático, ou seja, ou você aprende com o conhecimento, ou você aprende com as experiências das decisões tomadas por você.

Para aprender algumas coisas que te ajudarão chegar em um resultado mais rápido, geralmente são vendidos estes aprendizados em forma de treinamentos, em forma de cursos e livros. E este livro estará te preparando para algo que você geralmente não alcançaria em cursos ou palestras.

Este livro foi escrito para que você compreenda o quão fácil é prosperar, mas nada é simples, por isso não confunda "fácil" com "simples".

Quando colocamos em prática o que aprendemos, costumamos trilhar um caminho muito mais curto para o sucesso que é prosperar, e um concelho que é passado neste livro é que não há livro que vai te ensinar a prosperar, mais que a bíblia sagrada, este livro chamado de bíblia sagrada, liberta todas as mentes que buscam melhorar o seu conhecimento.

A bíblia sagrada é o manual mais completo para sua vida e tudo que há na terra, por isso não subestime o conhecimento que ela carrega, pois ela tem a chave de todo o tesouro que aqui na terra foi deixado. Ela é a base de tudo que és, a base deste livro foi extraída do ensinamento da prosperidade bíblica, porque, quem melhor que Deus para nos ensinar a prosperar?

Todo bom aprendizado vem de Deus, por isso, esta parte do livro, busca deixar bem claro, que sua inteligência pode ser expandida de uma forma, que nem mesmo você entenderá, como alcançou este conhecimento. Mas saberá que Deus ensina, aqueles que estão prontos para aprender.

É importante que esteja sempre atento, ao que está aprendendo e esteja sempre apto, a usar aquilo que aprende.

Procure estar sempre próximo de pessoas, que querem aprender o que você também busca aprender, assim, elas sempre conversarão sobre o assunto com você e ambos poderão aprender juntos.

24

DICAS:

1. Aprenda mais sobre você e sobre Deus;

2. Sempre que precisar, conte com Deus;

3. Sua realidade mudará assim que seus atos mudarem;

CAPÍTULO 6

Ações
prósperas

PROVÉRBIOS 19:8 Quem procura ter sabedoria ama a sua vida, e quem age com inteligência encontra a felicidade.

A melhor ação que pode fazer para prosperar é confiar em Deus, entregar tudo a ele, entender que nada nos pertence, pois tudo foi feito por ele e para ele.

Nesta terra somos passageiros e tudo que possuímos não nos pertence, jamais nos pertencerá, enquanto não acontece sua segunda volta, somente depois nos pertencerá, porque agora, também somos eternos.

Enquanto isso, tudo que possuímos aqui nesta terra, está nos sendo emprestado e somos apenas administradores, somente isso.

Só administramos os bens e usufruímos do que temos no momento, então para ter mais bens e prosperar materialmente, você precisa primeiro buscar o conhecimento de como administrar os bens que deseja, somente assim continuará administrando o que possui.

Somos meros administradores e quanto mais você entender que sua prosperidade, só atende o que você é capaz de administrar, mais fácil será de prosperar.

Quando aprender mais sobre este fato, mais bens vai poder administrar, portanto para prosperar é necessário que aprenda, como manter a prosperidade com você.

Se não possuíres estes conhecimentos, de nada adianta buscar grandes fortunas, porque você não saberia administrá-las.

Com este fato, podemos voltar a um exemplo; se for um bom administrador, com apenas uma semente, certamente será dono de toda a colheita multiplicada por tantas vezes, que forem plantadas e replantadas.

Para você entender melhor. Se pegar apenas uma semente multiplicando-a pelas sementes das colheitas futuras, você já pode se considerar próspero.

Entendendo isso, saberás que toda a colheita que você faz sobre o que plantou, toda semente colhida ainda é semente e também pode ser plantada e multiplicada, ou seja, todo o resultado que teve em seus investimentos, também podem ser reinvestidos para multiplicar seus bens.

A prosperidade é apenas o resultado de sua ação, você precisa agir para prosperar, mas antes precisa aprender como manter sua prosperidade, assim, quando receber com uma mão não gastará com a outra.

Agir é confiar que tudo pertence a Deus; entregar tudo a ele; descansar sua consciência nele; é poder confiar nele; é poder dizer, Deus a ti entrego tudo que tenho, desejo do fundo da minha alma até a ti, alcançar toda a prosperidade que o senhor me reservou aqui na terra e que tudo que eu alcançar nesta vida serão para a honra e glória do seu nome, poque sei que tudo te

pertence, guia- me sobre os caminhos da graça e ajuda-
me a ser o melhor que eu conseguir em ti, a ti rendo
graças Pai, porque o senhor é justo, é bom e
misericordioso, me de sabedoria para que eu possa estar
com sua sabedoria e não a minha, pois a sua sabedoria é
o que busco em mim, a honra e a glória te pertencem
sobre tudo que possuo.

Com o tempo, você se torna mais confiante, porque
sabe que, a sabedoria de Deus pai está sobre qualquer
sabedoria que existe no mundo, ele com certeza irá
alcançar o que você tanto almeja em seu coração.

Agora que sabe como agir, sua conquista é mais
real, seus investimentos serão mais assertivos, e sua
convicção está em Deus. Pois o que te travava, era que,
sua conquista dependia somente de seus esforços, mas
não funciona assim, Deus colocará pessoas bem
intencionadas em seu caminho, para que ambos
prosperem e ajude mais famílias a prosperarem.

29

DICAS:

1. Aja;

2. Não espere nada de ninguém;

CAPÍTULO 7

Postura de prosperidade

PROVÉRBIOS 14:28 A grandeza de um rei depende do número de pessoas que ele governa; sem elas ele não é nada.

Para você que está lendo este livro pela primeira vez, provavelmente você notou que este livro foi escrito sobre o modo de como nos comportamos, nossos pensamentos, atitudes, companhias, experiências, aprendizado, ações, investimentos, realizações e tudo isso, para chegar ao tão desejado assunto de você prosperando.

Não importa se é homem ou mulher, se quer prosperar verdadeiramente, você deve se portar como tal. Lembre-se sempre que a postura vem de dentro da pessoa que está se comportando de tal modo, e seu modo deve ser de uma pessoa que prospera onde quer que estejas.

Neste capítulo você entenderá que, para ser alguém, você precisa antes de tudo, se portar como tal, ou seja, é fundamental que sua postura, sejas de pessoas prósperas.

Este é um dos fundamentos, para que consigas entrar neste novo patamar de sua vida. Você deve policiar seu comportamento, até que aprenda a se portar e falar como uma pessoa próspera.

De nada adianta mudar de postura, se suas amizades não o levam a sério, por isso você deve ser mais firme no que diz para as pessoas, que o cercam a mais tempo, assim elas o respeitarão, caso continuem não o levando a sério, o concelho é que se afaste destas pessoas imediatamente.

Porque senão, logo você voltará a se portar como antes. Agora que sabes o como se portar, você deve começar a ler mais e mais, pode começar a ler assuntos dos quais se interessa, assim, sua autoridade só tem a aumentar naquilo que você fala.

O comportamento vai além de como você se porta, vai além de como você fala, você precisa antes de mais nada, mostrar seriedade naquilo que fala.

A razão pela qual você comprou este livro, reflete diretamente no quão longe chegará, pois, tudo que você aprender neste livro, só te levarão ao sucesso, a prosperidade está a poucos passos de você.

Quanto melhor você se portar, mais fácil será de pessoas importantes, que podem te ajudar a prosperar, te notarem. Por isso, não se porte de forma alguma em público, como se fosse uma pessoa qualquer, tenha postura e você com certeza, será levado a sério, seja sério.

Deixe para se portar mais à vontade, depois de construir sua autoridade no meio social, porque, quer queira, quer não queira, boa parte da sua prosperidade vai sim, depender das pessoas que você escalar para estarem próximas de você, enquanto trilha seu caminho até a prosperidade.

Lembre-se onde quer que estejas, jamais deixe de se portar como uma pessoa humilde, porque as pessoas não suportam mais pessoas arrogantes, orgulhosas, que não agregam nenhum valor para os mais necessitados, o comportamento da humildade, está ligado com o seu caráter. Seu caráter deve estar sempre intacto, para se manter prosperando cada vez mais.

Apesar da sua prosperidade, você ainda é feito de carne e osso, como todos seus semelhantes. Seja humilde.

Ser humilde, não quer dizer que você está se fazendo menos para agradar os outros, mas sim, reconhecendo que sua prosperidade, é uma dádiva do quanto você aprendeu sobre você mesmo.

DICAS:

1. Porte-se melhor;

2. Seja você mesmo;

3. Tenha mais classe nos seus comportamentos;

4. Prospere as pessoas que te cercam no dia-a-dia;

5. Lembre-se que você é mais do que acredita ser;

6. Cuide melhor dos seus sentimentos e os fortaleça;

CAPÍTULO 8

Investimentos
prósperos

PROVÉRBIOS 3:9;10 Adore a Deus, oferecendo-lhe o que sua terra produz de melhor. Faça isso, e os seus depósitos ficarão cheios de cereais, e você terá tanto vinho, que não será capaz de armazenar.

Quando você aprende o que fazer para prosperar, você também aprende que, para prosperar é preciso investir. Seus investimentos são o combustível, que te farão dar os passos em direção ao sucesso.

Antes de investir em qualquer coisa que seja, você precisa aprender como investir, quando se deve investir, quanto investir e no que investir. Pois são inúmeros investimentos que existem, para que possas chegar em algum lugar.

Uma coisa a qual você precisa entender é que, sua saúde financeira vai melhorando, na medida que você vai investindo em bons negócios. Seus investimentos te trarão lucros, estes lucros deverão ser reinvestidos. Isso é o que torna homens comuns, em grandes nomes da área econômica.

A melhor forma de aprender onde investir, é conversando com quem já investe, assim sua jornada à prosperidade, será muito mais rápida. Outra coisa que precisa entender, é que invista pelo menos 30% de sua renda, assim, logo terá o suficiente para que abra seu próprio negócio.

Quando entender que você precisa investir, para obter lucros e não ser assalariado, será muito mais fácil ser quem você almeja se tornar. Toda a prosperidade tem um fundamento, isto é, aproveitar ao máximo seus resultados.

Tudo na sua vida deve ser multiplicado, para que prospere em todas as áreas da sua vida, ou seja, sua alimentação, seus estudos, seus negócios, seus exercícios físicos, sua hidratação, sua alimentação, sua educação. Isso tudo te farão usar sua sabedoria, com mais precisão e seus resultados serão cada vez mais precisos, dentro do ideal que buscas.

Seus investimentos darão saúde a sua finança, suas finanças darão saúde ao seu corpo físico, e um corpo físico bem cuidado, reflete objetivamente em sua qualidade de vida, então você entende que se começar a cuidar de uma pequena parte de você, logo você estará cuidando melhor das áreas de sua vida, que expressam quem você é.

Invista mais na qualidade de vida e não se preocupe com coisas tolas, pois são elas que sempre te travaram no mesmo lugar, sem que você notasse. Enfim, você está apto em deixar de lado, tudo o que te segurava, e seguir em frente, porque, prosperar é seguir em frente, sempre.

Apenas invista em negócios sérios, porque seu dinheiro deve ser bem investido, por isso, você também deve ser sério, para que invistam em você, lembre-se sempre, que ninguém prospera sozinho.

DICAS:

1. Aprenda sobre o mercado de investimentos;
2. Criptos, tesouro direto, fundos de investimentos;
3. Abra seu próprio negócio;
4. Invista em você;

CAPÍTULO 9

Realizações

prósperas

ECLESIASTES 2:9 Sim! Fui grande. Fui mais rico do que todos os que viveram em Jerusalém antes de mim, e nunca me faltou sabedoria.

Para se sentir realizado, antes você precisa realizar algum dos seus objetivos, e nenhum livro na terra, irá te ensinar melhor, que os livros de provérbios e Eclesiastes, estes dois livros, serão um fundamento tão grande na sua construção de prosperidade, que você mesmo desconhece, sobre, quão grande pode tornar-se, depois de lê-los.

Estes livros, são a base de alguns homens mais prósperos da terra, para se ter ideia, o homem que mais prosperou em todos os tempos, sem que ninguém prosperasse, tanto quanto ele. Seu nome era Salomão, o rei de Israel.

Todas as fortunas somadas de hoje, são apenas uma fração, do tamanho da riqueza, que Salomão teve em suas mãos. Por este motivo, você deve ler seu livro de provérbios.

É importante que todas suas realizações, estejam de acordo com o que seu coração busca. Quando você respira o oxigênio, cada segundo está almejando o que gostaria de ter, é isso que o seu "eu", quer realizar.

Você realiza seus objetivos todos os dias, conquista coisas todos os dias, mas quando suas realizações, vão ao encontro do que você tanto quer, o resultado, sempre será outro.

As realizações, devem estar de acordo com o rumo que sua vida está tomando, caso contrário, veja o que você está fazendo de errado, para que concerte o quanto antes, também chegará antes, onde quer chegar.

Enquanto você está no caminho, para alcançar seus objetivos, muitas portas serão abertas para você. Tome muito cuidado, em quais portas irá adentrar.

Quando se sentir pressionado, busque conhecer quais são seus bloqueios, e trate de desbloqueá-los, para que não desvie seu caminho, tornando-o mais longo.

DICAS:

1. Não desperdice seu tempo;

2. Entregue todos os seus planos para Deus;

3. Não deixe seu dinheiro parado em casa;

4. Controle-se e viva mais tranquilo;

5. Tudo nesta terra nos é apenas emprestado, por isso não se apegue;

6. Busque o autoconhecimento para chegar mais longe;

CAPÍTULO 10

Você prosperando

ECLESIASTES 11:1;2 Empregue o seu dinheiro em bons negócios e com o tempo você terá o seu lucro. Aplique-o em vários lugares e em negócios diferentes porque você não sabe que crise poderá acontecer no mundo.

Depois de aprender as nove etapas, para que sua prosperidade seja desbloqueada, e entender como desbloqueá-la, enfim, seu conhecimento está mais nítido, sobre o que fazer.

Este manual que está em suas mãos, possui um conhecimento e alguns dos mandamentos mais cruciais, para que você prospere verdadeiramente, em sua essência, assim como, em todas as áreas de sua vida.

A prosperidade é constante, na vida das pessoas verdadeiramente prósperas, então, coloque em prática, e viva o que Deus deixou para você, aqui na terra.

Deus ordenou para o ser humano desfrutar de tudo que puder, mas a ignorância do ser humano que visa apenas o básico, se perpetuou na humanidade, agora, você pode e deve tomar posse do que Deus te reservou.

Sua prosperidade agora só depende de você, agir e realizar, sua jornada prosperando acabou de começar. tenha sempre Deus contigo e busque seus ensinamentos, mais do que tudo, guardar seus mandamentos e ensinamentos.

Lembre-se que a prosperidade é apenas a colheita de suas ações, você planta o que busca colher, então plante aquilo que desejas do fundo do coração.

Durante a leitura do livro, você obteve certas chaves, para que entendas e faças o que este livro te ensinou, nas poucas páginas que leste aqui.

DICAS:

1. Plante o que deseja colher, esta é a lei do universo;
2. Entrega seu caminho ao senhor, o mais ele fará;
3. Para prosperar basta conhecer e agir, buscar;
4. Suas ações devem estar alinhadas com seus objetivos, senão não chegará a lugar algum;
5. Para conquistar deves desbravar;
6. Para ser reconhecido deves conquistar, então conquiste, o que precisava para isso já aprendeu aqui neste livro.
7. Determine sua jornada;
8. Mexa-se, ande;
9. Aprenda;
10. Realize;
11. Mova-se em direção dos seus objetivos;
12. Sempre pense positivo;
13. Não seja molenga;
14. Conquiste o que é seu por direito.
15. Vá;

Um conselho do escritor:

_ *Leia este livro quantas vezes for preciso, mas um pedido que faço é que, coloque em prática tudo aquilo que aprendeu aqui. Deus os abençoe em tudo que fizerdes em nome dele, muito obrigado...*

PROVÉRBIOS 16:20 *Quem presta atenção no que lhe ensinam terá sucesso; quem confia no senhor será feliz.*

SALMOS 24 *AO SENHOR Deus pertencem o mundo e tudo que nele existe; a terra e todos os seres vivos que nela vivem são dele.*

www.ingramcontent.com/pod-product-compliance
Lightning Source LLC
LaVergne TN
LVHW041441170726
843492LV00008B/2739